Wie Sie EUR 1000 / Monat online verdienen, waehrend
Sie auf verschiedenen Kontinenten weltweit leben

**Arbeiten Sie vom Computer
ortsunabhaengig und werden Sie dafuer**

online bezahlt
(Fuer diese Infos verlangen Mitbewerber rund EUR 200,00+)

Von Autor Soeren Gelder
Alle Rechte © bei Gelder.
Vervielfaeltigung, auch stellenweise, nicht erlaubt.
http://SoerenGelder.blogspot.com – Der Blog des Autors seit 2009 – Erhalten Sie per Newsletter wertvolle Updates
http://www.twitter.com/gelder – Mehr als 56000 follower wissen's seit August 2008
http://www.facebook.com/OnlineBusinessStart – Mehr als 5000 gefaellt's seit 2011
http://www.IhrEbook.de – Mehr als 50 Werke von Soeren Gelder seit 2008
http://www.SoerenGelder.com –
http://www.youtube.com/user/kopierenundeinfuegen – Mehr als 400000 Videobesucher seit Maerz

2008

http://www.Pinterest.com/gelder – Mehr als 1000 follower seit Januar 2012

Instagram: @autorsoerengelder – Mein iPhone/Samsung Fotohobby mit mehr als 5000 follower seit 2012

Alle Amazon Kindle Download Angebote von Soeren Gelder

Sollten Sie Fehler in diesem Buch entdecken, obwohl es von mehr als 5 Personen zur Probe gelesen wurde (diese jedoch auch nur Menschen sind und Fehler machen), dann wenden sie sich bitte an info@soerengelder.com und schreiben mir den/die Fehler. Sie erhalten dann ein Geschenk dafuer von mir.

(Ich bin Deutscher, pendle immer zwischen Asien, Europa und Suedamerika seit 2006 und bereiste die Welt ein paar male, besuchte 39 Laender, spreche 5 Sprachen und arbeite seit 2008 ausschliesslich von meinem 7inch Netbook wo immer ich will und wann immer ich will.)

Inhalt:

Hier werden Sie keine Ellenlangen Inhaltsangaben finden, mit Seitenzahlangaben von 1 bis 259 oder mehr Seiten, wovon Sie dann sowieso nur die Haelfte (wenn ueberhaupt) lesen wuerden.

Die meisten Autoren (90%) mit diesen Seitenzahlangaben werden Sie im Dunkeln lassen, wenn es darum geht, auf den Punkt zu kommen. Diese schreiben soviel um den heissen Brei herum und verwirren Sie damit nur noch mehr. Wenn Sie dann am Ende des Buches angekommen sind, wissen Sie entweder viel mehr als vorher oder Sie sind so verwirrt, dass Sie nicht wissen sollen, was denn nun der Autor Ihnen mit den Infos aufzeigen will.

Und genau das ist das Ziel der meisten Autoren, damit Sie als Kaeufer noch mehr Infos von denen kaufen und weiterhin im Dunkeln wandern. Und so kaufen Sie mehr und mehr von anderen Autoren und werden niemals Licht am Ende des Tunnels sehen.

So, ich fuehre Sie nicht an der Nase herum mit ausweichenden Geschichten von dies und jenem, jedoch werde ich hier punktgenau auf's Ziel zusteuern. Ihnen aufzeigen, wie es moeglich ist, pro Monat mindestens 1000 Euro per Netbook und Onlineverbindung von jedem Ort der Welt zu verdienen. Daher werden Sie auch selten eBuecher von mir finden, mit mehr als 50 Seiten, obwohl ich einige Buecher habe, die rund 100 Seiten haben, was dann Action Romane oder Fiction eBuecher sind.

Jetzt zum Inhalt:

1. Wie Sie von jedem Ort der Erde Geld verdienen koennen und online arbeiten koennen

2. 60 Quellen, wo Sie tatsaechlich Onlinearbeit erhalten und dafuer bezahlt werden

Zusatz: Unbezahlabare Millionen Euro Tips

1.

Es ist tatsaechlich moeglich sich den Traum zu erfuellen und dort zu leben, wo andere Urlaub machen. Und ich rede hier nicht von irgendwelchen Investitionen, die Sie vorher erst taetigen muessen, um zu starten. Alles was Sie benoetigen ist ein internetfaehiges Geraet. Und das sollte bereits ab 200 EUR zu haben sein.

Und ich gehe davon, dass Sie diese Investition bereits getaetigt haben, da Sie dieses Buch online lesen, von Amazon gedownloadet. Falls Sie es bei einem

Internetcafebesuch gekauft haben, wissen Sie nun, dass Sie eine Investition von mindestens 200 EUR fuer ein Netbook taetigen muessen, um zu starten

Falls Sie es, wie ich, lieben, hier und dort zu sein und andere Kulturen und Laender kennenzulernen, und nebenbei Geld zu verdienen, dann haben Sie den ersten richtigen Schritt in diese Richtung getan.

Falls Sie in Europa noch Verbindlichkeiten haben, dann verkaufen Sie Ihr altes Auto und alles, was Sie nicht mehr benotigen.

Und dann auf in Destinationen, in denen das Wasser 25-30 Grad das ganze Jahr hat. Das Essen nur bis zu 3 EUR in Restaurants kostet und die Sonne an mindestes 300 Tagen scheint.

Ich besuchte bisher (Stand: September 2011) exakt 39 Laender. Alle, waehrend ich pro Tag rund 20 EUR ausgab, aber im gleichen Moment ungefeahr das doppelte verdiente. Manchmal mehr, machmal weniger.

Designen Sie Ihr Leben, ohne zu viele Anhaengsel. So lange Sie nicht eine Frau ueber die Runden bringen muessen oder Kinder ernaehren muessen, dann haben Sie das ganze schoene Leben noch vor sich.

Traeumen Sie grosse Traeume und traeumen Sie davon, dass Sie reisen und dabei im gleichen Moment Geld verdienen.

Sie muessen es nur wollen.

Was Sie wollen, will auch Sie!

Und Sie muessen wirklich wollen und nicht nur ungefaehr ahnen, was Sie wollen. Sie muessen haargenau wissen, was Sie wollen. Sie muessen sich wirklich kristallklar darueber sein, wohin Sie steuern wollen!

Wenn Sie bereits soweit sind, dass sind Sie bereits auf dem Weg zum Erfolg und auf dem Weg das zu erreichen, was Sie wollen. Und Sie gehoeren zu den 10% weltweit, die sich kristallklar darueber sind, was sie wollen. Die meisten (90%) wissen es nicht und leben einfach nur in den Tag hinein.

Alles, was Sie jetzt noch benoetigen, sind die Quellen, um Ihr Leben im Ausland und auf Reisen weltweit zu finanzieren. Das mag am Anfang nicht einfach klingen, aber es wird mit Sicherheit nach einiger Zeit soweit sein, dass Sie die Quellen anwenden koennen, um Geld zu verdienen.

2.

Wie Sie sehen, bin ich mittlerweile beim 2. Kapitel angekommen. Ich sagte Ihnen, dass ich nicht um den heissen Breis herum schreiben werde.
Zielgerichtet komme ich zum Punkt.
Ebenso in anderen Lebenslagen ;)

Hier sind die Quellen:

1. www.free-days.de/
2. www.mein-virtuellerassistent.com
3. www.getfriday.com
4. www.tundb-assistenz.de
5. www.ihre-assistentin.eu
6. www.fernarbeit.net
7. www.bloggerjobs.de
8. www.strandschicht.de
9. www.asksunday.com
10. www.bpovia.com

11. www.GetFriday.com
12. www.CatchFriday.com
13. www.taskseveryday.com
14. www.globaloutsourcingservice.com/
15. www.avayato.de
16. www.conciergeservices.de
17. www.texterboerse.de
18. www.webbyjobs.de
19. www.elance.com
20. www.scriptlance.com
21. www.guru.com
22. www.getacoder.com
23. www.humangrid.de
24. www.meinassistent-online.de
25. www.assistenzwerk.de
26. www.codepitch.com
27. www.couchjobber.de
28. www.jobazaar.de
29. http://microjobs.de
30. www.taskcity.com
31. www.skillsbook.de

32. www.hire-a-designer.com
33. www.freelancer.co
34. www.click2translate.com

Mehr? Hier:

Monday Works – http://www.mondayworks.com/en/
99Designs – http://99designs.com/
Crative Set – http://www.creativeset.net/
Freelance Switch – http://jobs.freelanceswitch.com/
Authentic Jobs – http://www.authenticjobs.com/
Design Jobs on the Wall – http://jobs.webdesignerwall.com/
Smashing Jobs – http://jobs.smashingmagazine.com/

Werden Sie fuer's bloggen bezahlt (sehr gute Quellen, um fuer's bloggen bezahlt zu werden. Teilweise zahlen die Anbieter rund 40 EUR pro Blogpost)

Trigami – www.trigami.com,
Blogpay – www.blogpay.eu,
PayPerPost – www.payperpost.com,
Bloggerjobs – www.bloggerjobs.de,
Hallimash – www.hallimash.com
Ad Blog Network – www.adbn.de

Texten Sie sich in die Freiheit:

Textbroker.de – www.textbroker.de
Content.de - www.content.de
Texte4you.com – www.texte4you.com
Onlinetexte.com – www.onlinetexte.com
Opentx.de - www.opentx.de
Textox.de - www.textox.de
Contendia.de - www.contendia.de

Texttown.de – www.texttown.de
Content-Text.de - www.content-text.de
Textologen.de – www.textologen.de
Contentworld.com–www.contentworld.com

Handeln Sie Domains und verdienen Sie sehr gutes Geld damit. Ich kenne einen Mann aus Singapore, der ausschliesslich durch den Domainhandel Millionen pro Jahr verdient.

www.buydomains.com
www.united-domains.de
www.namecheap.com

Ich will Ihnen einige Ideen mehr geben, um tatsaechlich einfach Geld zu verdienen, wo auch immer Sie gerade sind.
Haben Sie eventuell Affiliate Programme vermisst oder etwa eBay?
Vergessen Sie es ganz schnell. Denn nur die wenigsten haben Erfolg mit den beiden aufgefuehrten Programmen.

Schauen Sie ueber den Tellerrand. Wir haben eine globale Wirtschaft. Es gibt die reichen Laender, wie die USA, Europa, Canada, Australien, Japan, Suedkorea..und das war es fast schon...

Und es gibt die aermeren Drittweltlaender. Dazu gleich mehr.

Ich meine: Wenn Sie etwas faul sind und Sie hassen es mit Ihrem Koerpereinsatz zu arbeiten, dann sind Sie hier genau am

richtigen Ort zur richtigen Zeit.
Wieso das so ist? Weil das grosse Geld im 21. Jahrhundert nicht durch hart arbeitenden Koerpereinsatz gemacht wird, sondern durch Kopfarbeit. Die schwere Voll-Koerpereinsatz Arbeit wird im 21. Jahrhundert weniger und weniger werden.

Es wird sehr reiche Leute geben, die ihren Kopf benutzen.

Die neue Wirtschaft im 21. Jahrhundert wird dominiert werden von Kopfarbeitern. Eigenschaften wie programmieren, schreiben, uebersetzen, rechnen und alle Computerbezogenen Arbeiten werden einen grossen Einfluss darauf haben, wie die Welt funktionieren wird und sich veraendern wird im 21. Jahrhundert.

Gehen Sie zu http://www.elance.com oder

jede andere Seite, die ich Ihnen nannte und registrieren Sie sich und schauen Sie nach all den Angeboten des Tages. Sie werden dort mit Sicherheit etwas fuer sich finden.

Bieten Sie als Anfaenger zunaechst niedrig, um den Job zu erhalten, denn es sind Mitbewerber, die den Job ebenso haben wollen, die eventuell schon positive Bewertungen erhalten haben und somit bewiesen haben, dass diese bestimmte Taetigkeiten sehr gut ausfuehren koennen.

Aber Sie haben einen Chance gegen diese Leute, indem Sie die niedrigste Quote abgeben. Um Fuss fassen zu koennen in diesem Markt.

Das sollten Sie fuer die ersten 3 Jobs machen, bis Sie ebenso Ihre ersten positiven Feedbacks haben und Ihre eigenen

Portfolios mit Ihren eigenen bereits ausgefuehrten Jobs.

Jetzt will ich Ihnen noch etwas aufzeigen, was sehr viel mehr Wert ist, als die soeben, oben aufgefuehren Infos, die rund EUR 200 wert sind.

Ich werden Ihnen hier ein paar EUR 1000 Hinweise geben:

Die Wirtschaft aendert sich dramatisch schnell und mehr als 50% gehen bereits durch mobile Endgeraete online. Das sind zum Beispiel Handys, iPads, iPhones, Windows Phones, Android Phones, Symbians...Sie wissen, was ich meine..alle diese schoenen Smartphones und Tablets...Und jeder nutzt sein Smartphone einige Male pro Tag. Und ein Internet Zugang ist mittlerweile auch an jeder Ecke weltweit zu erhalten.

Ich schreibe dieses Buch soeben aus dem "El Marqués" in Atacames, Equador (kurz zuvor war ich auf den [Galapagos Inseln, worueber es mittlerweile 3 wunderschoene eBook Bildbaende bei Amazon](#) gibt).

Nebenbei: Stand September 2011. Zurueck zum Thema:

Mit einem einfachen antippen auf eine App kommt der Nutzer zur gewuenschten Seite.

Hey...und Sie haben bisher keine App?

Es ist einfach wie das ABC, wenn Sie wissen wie ;)

Hier erfahren Sie, wie ich mit Apps passiv jeden Monat ein Einkommen generiere und Sie es ebenso machen koennen:

http://soerengelder.com/AndroidAppsPassivVerdienst.html

:)
Holen Sie sich dieses Angebot, um passiv zu verdienen und 1:1 es genauso zu machen, wie ich es mache und jeden Monat passiv verdiene!

Was ich Ihnen weiterhin sagen will, ist das folgende: 2013 werden mehr als 80% das Internet durch Apps erreichen.

Das sollten Sie nicht verpassen!

Angry Birds (ein App-Spiel) Entwickler machen taeglich 6-stellige Betraege. Ich will Ihnen hier nicht suggerieren ebenso eine Angry Bird App zu erstellen, sondern Ihnen aufzeigen, dass es ein Markt ist mit riesigen Moeglichkeiten. Und wer weiss: Eventuell haben Sie ja eines Tages eine eigene App, die genauso erfolgreich ist. Die

Anleitung dazu erhalten Sie hier:
http://soerengelder.com/AndroidAppsPassivVerdienst.html
Seien Sie kreativ. Finden Sie einen Entwickler (wir machen es ebenso hier:
http://soerengelder.com/AndroidAppsPassivVerdienst.html
Oder fuer den gleichen Betrag koennen Sie ebenso auf einer der genannten Plattformen jemanden "anheuern".

Verpassen Sie das nicht! Apps sind die neue Form, um Zugang zum Internet zu erhalten. Und Sie sollten eine App haben, wenn Sie mitverdienen wollen.
http://soerengelder.com/AndroidAppsPassivVerdienst.html

Ebenso baue ich meine Liste bei aweber.com auf. Sie koennen jeden anderen Listenanbieter nehmen, jedoch empfehle ich aweber.com, da es sehr guenstig ist pro Monat und sehr gut funktioniert. Ich biete

mehr als 50 Produkte bei http://www.SoerenGelder.com/IhrEbookAngebote.pdf an. Eventuell ist ja auch dort etwas fuer Sie dabei. Falls nicht, koennen Sie auf jeden Fall lernen, welche Produkte von mir sehr viele Newsletterbezieher anzieht :)
Sie sollten ein eigenes virtuelles Produkt haben, um weltweit verdienen zu koennen.

Es wird ein Einkommen generieren. Sie muessen nur starten und aktiv werden.

Ich empfehle Ihnen ebenso nach einem Joint Ventuere Partner zu schauen!

Ich hoffe, ich konnte Ihnen helfen, auf Ihrer Reise zu mindestens 1000 Euro pro Monat. EUR 1000 pro Monat moegen Sie nicht weit bringen in Europa oder den USA, aber dafuer koennen Sie wie ein Koenig mit Butler in Thailand, Ecuador, Malaysia,

Vietnam, Argentina, Brazil...leben (in den meisten suedlichen Laendern, mit Ausnahmen wie Singapore, Australien...) . Nie mehr kalte Winter. Schoene Maedchen mit langen schwarzen Haaren und einem Lebensstil so super relaxt, dass Sie Ihre Freunde garantiert neidisch machen ;), wenn Sie denen sagen, dass Sie nur Ihren Kopf und Ihre Finger nutzen, um Geld zu verdienen. :)

Arbeiten Sie nicht hart! Arbeiten Sie smart!

Und jetzt noch ein Millionen Euro schwerer Tip: Seien Sie kein dauernder Konsument, so wie es Ihnen die Werbung generiert. Seien Sie in ein Produzent!
Bauen Sie Ihre eigene Oekonomie! Und lassen Sie es mich wissen, wenn Sie es getan haben. Evnetuell kommen wir in's Business. Ich bin nicht der typische

Deutsche Kleingeist, der dann neidisch draufschaut, sondern seit 2006 mit freidenkendem ;) amerikanischen Pass ausgestattet und schaue weit ueber den Tellerrand. Mein Ziel ist es, dass Sie ebenso einen gluecklichen Lebensstil erreichen und sich selber reich machen, anstatt in der Kapitalismusmatrix als Sklave gefangen zu sein und sich krumm zu machen fuer Ihren Boss und den reich zu machen, so wie die Mehrheit der Gesellschaft...(sorry, will damit niemanden zu nahe treten, sondern einfach klipp und klar klarmachen, dass ein Wohlfahrt-und Sozialstaat nur Faule erzieht, die sich freuen Socialhilfe zu empfangen und bloss nicht weiter denken wollen als das zu machen, was ihnen vorgeschrieben wird (vom Boss) und dann dafuer nur 30 Tage in den Urlaub fahren duerfen pro Jahr...

Ich muss es so klar schreiben, damit Sie verstehen, dass ich ein Freidenker bin und noch nie in meinem Leben laenger als 3 Monate fuer jemanden arbeitete (es gab eine Ausnahme und das war ein Festangestellten-verhaeltnis kurz nach meinem Studium, bei einem Muenchener .com Unternehmen, wo ich viel lernte, da diese Kunden wie BMW und andere grosse Namen haben fuer 3 Monate).

Wie Sie das verstehen sollten: Machen Sie einen Film, schreiben Sie ein Buch, wenigstens eine Software oder ein Script fuer eine Webseite oder einen Film. Produzieren Sie top athletische Resultate. Seien Sie in etwas etwas Besonderes! Starten Sie einfach und tun Sie es! Denken Sie nicht zuviel! Handeln Sie!

Und nebenei sollten Sie natuerlich

investieren. In Gold und Silber. Wenn Sie den besten Gold und Silberpreis weltweit wissen wollen, dann schreiben Sie mir an info@soerengelder.com. Ich schreibe Ihnen, wieso die Reichsten der Reichsten in Gold und Silber investieren und wie Sie es ebenso online machen koennen, ohne auch nur einen Schritt vor die Tuer zu setzen. Binaere Tradings koennten Ihnen ebenso helfen, wenn Sie es etwas risikofreudiger moegen. Das Geheimnis ist es, dass Sie gleichzeitig auf einen steigenden Kurs und auf einen fallenden Kurs setzen und zwar mit dem gleichen Betrag. Bei etoro erhalten Sie dabei faire Konditionen, bei der Sie immer gewinnen, denn ganz gleich wohin der Kurs sich entwickelt, Sie verlieren nur 30% vom Einsatz. Schauen Sie mal vorbei, bei etoro, eventuell haben die noch diese Konditionen, was sich jedoch schnell aendern kann im schnellebigen

Onlinezeitalter.

Geniessen Sie dann Ihren neuen Lebensstil! Und konzentrieren Sie sich nicht zu sehr auf materielle Dinge, die Ihnen nur fuer eine kurze Zeit Lebensfreude bescheren. Mieten Sie, wenn Sie schon eine Yacht, einen Ferrari usw haben wollen, so mache ich es auch. Viel mehr Freude macht das Leben, wenn Sie sich auf Nichtmaterielle Dinge konzentrieren und diese in Ihr Leben manifestieren!

Mein Motto fuer Sie:
Promoten Sie etwas anstatt gegen etwas zu sein! Seien Sie konstruktiv in allem was Sie tun, auch wenn stuermische Zeiten Ihren Lebensweg durchqueren, setzen Sie sich fuer etwas ein und das konstruktiv!!

Lieber 1000 EUR/Monat online verdienen

und dafuer einen unabhaengigen Lifestyle ueberall leben und das zu machen was einem Spass macht (schwimmen gehen, wann es einem passt am Strand im Dezember, mit huebschen langhaarigen schwarzhaarigen Maedchen flirten, reisen wann es mir gefaellt usw) als 10000 EUR/Monat und mehr und fuer eine Grossfirma den Buckel krumm machen und in einem festen Arbeitsverhaeltnis gefangen zu sein.

Update vom Oktober 2010:

Ich bin mittlerweile in 43 Laendern gewesen (Russland, Suedkorea, [Philippinen – dazu gibt es auch ein eBook von mir bei Amazon](#) :), Japan – ebenso bei Amazon, mit dem Namen "[Ein deutscher Gaijin in Tokyo](#)").

Glauben Sie mir: Das Bueromodel (Arbeiter/Angestellter faehrt in's Buero Tagein/Tagaus...), dass momentan noch vorherrscht, faellt nach und nach weg (HALLO!! Wer will denn taeglich als Hamster mit Aktentasche in's Buero sich dahinversklaven sehen...) und das ist attraktiv fuer Arbeitgeber, die Geld so sparen und fuer Online-Arbeiter, die mehr Freiraum zur Verfuegung haben und so sich den Kindern oder anderen Freizeitaktivitaeten widmen koennen.

Zudem empfehle ich Ihnen mein Amazon-Ebook:
"Wieso SIE kein Millionaer sind. Die Gedankengaenge der Millionare" und ebenso als Offline-Buch erhaeltlich.

Und ich bin stolz auf meine Kaeufer/Schueler/Studenten/Leser, die seit

2008 von mir per Newsletter und per eBooks, Videos, Audios von mir lernen und eine Leserin hat sogar ein eigenes eBook herausgebracht, in der Sie mehr als 40 Experten (darunter Richard Branson, Donald Trump und viele weitere grosse Namen empfiehlt und ich bineiner davon bin. Das eBook mit dem Titel: "[40 weltweite (Internet) - Experten, die Ihr Leben verbessern](#)" erhalten Sie [hier](#) bei [amazon.de](#)

Bleiben Sie auf dem Laufenden, denn ich bin eine fleissige Seele und flirte nicht nur durch die Welt, sondern biete viel Mehrwert fuer meine Leser, die mir seit 2008 treu sind, denn wie schon erwaehnt, will ich, dass Sie ebenso das machen koennen, was Sie sich wuenschen und nicht das, was Ihr Boss von Ihnen wuenscht. Tragen Sie sich

dafuer in meinem Newsletter ein, bei
http://SoerenGelder.blogspot.com

Ebenso habe ich fuer Sie eventuell demnaechst einen Leitfaden zur finanziellen Freiheit. Bleiben Sie dran!

Viel Erfolg!! Immer!!

Von Autor Soeren Gelder
Alle Rechte © bei Gelder.
Vervielfaeltigung, auch stellenweise, nicht erlaubt.
http://SoerenGelder.blogspot.com – Der Blog des Autors seit 2009
http://www.twitter.com/gelder - Mehr als 56000 follower wissen's seit August 2008
http://www.facebook.com/OnlineBusinessStart – Mehr als 5000 gefaellt's seit 2011
http://www.IhrEbook.de – Mehr als 50 Werke von Soeren Gelder seit 2008

http://www.SoerenGelder.com – http://www.youtube.com/user/kopierenundeinfuegen – Mehr als 400000 Videobesucher seit Maerz 2008
http://www.Pinterest.com/gelder – Mehr als 1000 follower seit Januar 2012
Instagram: @autorsoerengelder – Mein iPhone/Samsung Fotohobby mit mehr als 5000 follower seit 2012
Alle Amazon Kindle Download Angebote von Soeren Gelder

www.ingramcontent.com/pod-product-compliance
Lightning Source LLC
Chambersburg PA
CBHW081347180526
45171CB00006B/618